M000287225

ANGELIS

PUBLICATIONS

ISBN: 978-0-9956949-0-3
Published by Angelis Publications
www.angelispublications.com
All rights reserved
Cover Design © Angie J Anderson

Date	Name	Email address

Date	Name	Email address

Date	Name	Email address

Date	Name	Email address

Date	Name	Email address

Date	Name	Email address

Date	Name	Email address

Date	Name	Email address
_____	_____	_____
_____	_____	_____
_____	_____	_____
_____	_____	_____
_____	_____	_____
_____	_____	_____
_____	_____	_____
_____	_____	_____
_____	_____	_____
_____	_____	_____
_____	_____	_____
_____	_____	_____
_____	_____	_____
_____	_____	_____
_____	_____	_____
_____	_____	_____

Date	Name	Email address

Date	Name	Email address

Date	Name	Email address

Date	Name	Email address
———	—————————	—————————
———	—————————	—————————
———	—————————	—————————
———	—————————	—————————
———	—————————	—————————
———	—————————	—————————
———	—————————	—————————
———	—————————	—————————
———	—————————	—————————
———	—————————	—————————
———	—————————	—————————
———	—————————	—————————
———	—————————	—————————
———	—————————	—————————
———	—————————	—————————
———	—————————	—————————

Date	Name	Email address

Date	Name	Email address

Date	Name	Email address

Date	Name	Email address

Date	Name	Email address
————	—————————————	—————————————
————	—————————————	—————————————
————	—————————————	—————————————
————	—————————————	—————————————
————	—————————————	—————————————
————	—————————————	—————————————
————	—————————————	—————————————
————	—————————————	—————————————
————	—————————————	—————————————
————	—————————————	—————————————
————	—————————————	—————————————
————	—————————————	—————————————
————	—————————————	—————————————
————	—————————————	—————————————
————	—————————————	—————————————

Date	Name	Email address

Date	Name	Email address

Date	Name	Email address
———	———————————	———————————————
———	———————————	———————————————
———	———————————	———————————————
———	———————————	———————————————
———	———————————	———————————————
———	———————————	———————————————
———	———————————	———————————————
———	———————————	———————————————
———	———————————	———————————————
———	———————————	———————————————
———	———————————	———————————————
———	———————————	———————————————
———	———————————	———————————————
———	———————————	———————————————
———	———————————	———————————————

Date	Name	Email address

Date	Name	Email address

Date	Name	Email address

Date	Name	Email address

Date	Name	Email address

Date	Name	Email address

Date	Name	Email address
————	————————————	————————————
————	————————————	————————————
————	————————————	————————————
————	————————————	————————————
————	————————————	————————————
————	————————————	————————————
————	————————————	————————————
————	————————————	————————————
————	————————————	————————————
————	————————————	————————————
————	————————————	————————————
————	————————————	————————————
————	————————————	————————————
————	————————————	————————————
————	————————————	————————————

Date	Name	Email address

Date	Name	Email address

Date	Name	Email address

Date	Name	Email address

Date	Name	Email address

Date	Name	Email address

Date	Name	Email address

Date	Name	Email address

Date	Name	Email address

Date	Name	Email address

Date	Name	Email address

Date	Name	Email address

Date	Name	Email address

Date	Name	Email address

Date	Name	Email address

Date	Name	Email address

Date	Name	Email address

Date	Name	Email address
————	————————————	————————————————
————	————————————	————————————————
————	————————————	————————————————
————	————————————	————————————————
————	————————————	————————————————
————	————————————	————————————————
————	————————————	————————————————
————	————————————	————————————————
————	————————————	————————————————
————	————————————	————————————————
————	————————————	————————————————
————	————————————	————————————————
————	————————————	————————————————
————	————————————	————————————————
————	————————————	————————————————
————	————————————	————————————————

Date	Name	Email address

Date	Name	Email address
_____	_____	_____
_____	_____	_____
_____	_____	_____
_____	_____	_____
_____	_____	_____
_____	_____	_____
_____	_____	_____
_____	_____	_____
_____	_____	_____
_____	_____	_____
_____	_____	_____
_____	_____	_____
_____	_____	_____
_____	_____	_____
_____	_____	_____
_____	_____	_____

Date	Name	Email address
———	———————————	————————————————
———	———————————	————————————————
———	———————————	————————————————
———	———————————	————————————————
———	———————————	————————————————
———	———————————	————————————————
———	———————————	————————————————
———	———————————	————————————————
———	———————————	————————————————
———	———————————	————————————————
———	———————————	————————————————
———	———————————	————————————————
———	———————————	————————————————
———	———————————	————————————————
———	———————————	————————————————

Date	Name	Email address

Date	Name	Email address

Date	Name	Email address

Date	Name	Email address

Date	Name	Email address

Date	Name	Email address

Date	Name	Email address

Date	Name	Email address

Date	Name	Email address

Date	Name	Email address

Date	Name	Email address

Date	Name	Email address

Date	Name	Email address

Date	Name	Email address

Date	Name	Email address

Date	Name	Email address

Date	Name	Email address

Date	Name	Email address

Date	Name	Email address

Date	Name	Email address
———	———————————	———————————
———	———————————	———————————
———	———————————	———————————
———	———————————	———————————
———	———————————	———————————
———	———————————	———————————
———	———————————	———————————
———	———————————	———————————
———	———————————	———————————
———	———————————	———————————
———	———————————	———————————
———	———————————	———————————
———	———————————	———————————
———	———————————	———————————
———	———————————	———————————

Date	Name	Email address

Date	Name	Email address

Date	Name	Email address

Date	Name	Email address

Date	Name	Email address

Date	Name	Email address
———	————————————	————————————
———	————————————	————————————
———	————————————	————————————
———	————————————	————————————
———	————————————	————————————
———	————————————	————————————
———	————————————	————————————
———	————————————	————————————
———	————————————	————————————
———	————————————	————————————
———	————————————	————————————
———	————————————	————————————
———	————————————	————————————
———	————————————	————————————
———	————————————	————————————

Date	Name	Email address
____	_____	_____
____	_____	_____
____	_____	_____
____	_____	_____
____	_____	_____
____	_____	_____
____	_____	_____
____	_____	_____
____	_____	_____
____	_____	_____
____	_____	_____
____	_____	_____
____	_____	_____
____	_____	_____
____	_____	_____
____	_____	_____

Date	Name	Email address

Date	Name	Email address

Date	Name	Email address
———	—————————	—————————————
———	—————————	—————————————
———	—————————	—————————————
———	—————————	—————————————
———	—————————	—————————————
———	—————————	—————————————
———	—————————	—————————————
———	—————————	—————————————
———	—————————	—————————————
———	—————————	—————————————
———	—————————	—————————————
———	—————————	—————————————
———	—————————	—————————————
———	—————————	—————————————
———	—————————	—————————————
———	—————————	—————————————

Date	Name	Email address

Date	Name	Email address

Date	Name	Email address

Date	Name	Email address

Date	Name	Email address

Date	Name	Email address

Date	Name	Email address

Date	Name	Email address
————	————————————————	————————————————
————	————————————————	————————————————
————	————————————————	————————————————
————	————————————————	————————————————
————	————————————————	————————————————
————	————————————————	————————————————
————	————————————————	————————————————
————	————————————————	————————————————
————	————————————————	————————————————
————	————————————————	————————————————
————	————————————————	————————————————
————	————————————————	————————————————
————	————————————————	————————————————
————	————————————————	————————————————
————	————————————————	————————————————
————	————————————————	————————————————

Date	Name	Email address

Date	Name	Email address
———	————————	————————————
———	————————	————————————
———	————————	————————————
———	————————	————————————
———	————————	————————————
———	————————	————————————
———	————————	————————————
———	————————	————————————
———	————————	————————————
———	————————	————————————
———	————————	————————————
———	————————	————————————
———	————————	————————————
———	————————	————————————
———	————————	————————————

Date	Name	Email address

Date	Name	Email address

Date	Name	Email address

Date	Name	Email address
_____	_____	_____
_____	_____	_____
_____	_____	_____
_____	_____	_____
_____	_____	_____
_____	_____	_____
_____	_____	_____
_____	_____	_____
_____	_____	_____
_____	_____	_____
_____	_____	_____
_____	_____	_____
_____	_____	_____
_____	_____	_____
_____	_____	_____
_____	_____	_____

Date	Name	Email address

Date	Name	Email address

Date	Name	Email address
————	————————————	————————————————
————	————————————	————————————————
————	————————————	————————————————
————	————————————	————————————————
————	————————————	————————————————
————	————————————	————————————————
————	————————————	————————————————
————	————————————	————————————————
————	————————————	————————————————
————	————————————	————————————————
————	————————————	————————————————
————	————————————	————————————————
————	————————————	————————————————
————	————————————	————————————————
————	————————————	————————————————
————	————————————	————————————————

Date	Name	Email address

CPSIA information can be obtained
at www.ICGtesting.com
Printed in the USA
LVHW100835270220
648378LV00017B/71